生長の家ヒューマン・ドキュメント選

心で開いた繁栄の道

★

日本教文社編

日本教文社

心で開いた繁栄の道　目次

装幀　松下晴美

編者はしがき

この「生長の家ヒューマン・ドキュメント選」シリーズは、生長の家の信仰を持つことによって、人生を好転させた顕著な体験をした方々を紹介する小社刊行の月刊誌『光の泉』の「ヒューマン・ドキュメント」をテーマ別に精選編纂したものです。

本書は、特に会社経営者として様々な困難に遭いながらも、生長の家に出会い、心を明るく転換することによって困難を克服して、経営を繁栄の軌道へと乗せた方々の体験を中心に紹介しています。本書中の年齢・職業・役職等は同誌に掲載された当時のもので、記事の初出年月は、それぞれの末尾に明記してあります。本書が、読者にとって豊かな繁栄人生を実現するための契機となることを願って止みません。

日本教文社第二編集部

負債三千万円……。

生かされている喜びの中で開けた新事業への道

岐阜県　三愛社長　中川《なかがわ》　寿《ひさし》さん（53歳）

昭和六十年、中川寿さんは損害保険代理店を営む傍《かたわ》ら鉄工所を興《おこ》した。が、半年で経営が行き詰まり、三千万円の負債を抱えることに……。返済の目処《めど》が立たないまま途方に暮れていたとき、夫人に誘われて生長の家の練成会に参加。〝必ず道は開ける〟との信念の中で活路を見いだした。

岐阜県穂積町で損害保険代理店を経営していた中川さんが、鉄工所を興そうと思ったのは、昵懇《じっこん》の知人からのある相談がきっかけだった。

その知人は穂積町で鉄工所を経営していたが、三億円の負債を抱えて倒産寸前だった。中川さんは、「新たに会社を作って自分の従業員の面倒を見て欲しい」と懇願され、心が動いた。

「社長になれば収入が増えるだろうというような欲が出たんですよ」

昭和六十年八月、その会社の従業員十人ほどと出資し合い、鉄工所を穂積町に設立。主に自動車製造に使う機械を製造した。

ところが、現実は思っていたほど甘くはなかった。折からの鉄冷え不況で仕事が入ってこなくなり工場や設備の賃貸料や給料の支払いなどを差し引くと、赤字だけが残った。半年後には経営が困難になり、さらに従業員から出資金を返してほしいと言われて、中川さんは窮地に追い込まれた。

「心中おもしろくなかったですよ。もともと従業員を助けるために興した会社なのに、逆に従業員に憎まれることになったから。恩を仇《あだ》で返されているようで、従業員に対し憎しみの気持ちが強まる一方でした」

鉄工所はストップ。損害保険の代理店を並行して営んでいたので、収入がなくなることはなかったが、三千万円近い借金返済の目処《めど》は立たないままだった。

途方に暮れる中川さんに「生長の家の練成会*に参加してみては」と勧《すす》めたのは夫人の

設計図面を手に仕事の打ち合わせをする中川さん。次男の善信さん(左)と
長男の勝人さん(右)も中川さんの良き協力者

育子さん（53）だった。

「生長の家で私の病気が癒《いや》されたばかりだったので、練成会に行けば、必ず主人にも解決の道がひらけると思ったんです」

「頭の中が空っぽ」

育子さんは、十代の頃に知人を通して生長の家を知ったが、あまりその教えには関心を持たないまま過ごしてきた。ところが、寿さんが事業を始める一年前、病院で子宮筋腫と診断され、手術を勧められた。気が動転した育子さんは、藁《わら》にもすがる気持ちで、「人間・神の子、病気本来なし」と説く生長の家の教えの勉強を始めたのだった。寿さんの経営が行き詰まった頃、育子さんの子宮筋腫はすっかり治ってしまっていた。

健康を取り戻してからというもの、育子さんは、生長の家で学んだ「現象は心の影。心の持ち方次第で環境は変わる」という心の法則を寿さんにも理解してもらいたいと願った。

「たとえ今、会社の状態は悪くても、借金という問題を与えられたことは自分の魂の向上にきっと必要なんだから……。人生で解決できない問題は神様の世界にはないし、絶対与えられないんだから……」

育子さんは、たびたびそう言って夫を励ましたが、寿さんは言葉を返して、「そんな問題なんかいらんわ」と怒るのが常だった。練成会へも何度も誘ってみたが、寿さんはかたくなに拒否した。そこで育子さんはあることを思い付いた。

「主人を練成会に連れて行こうという気持ちではなくて、『私を練成会へ連れて行って下さい』と、お願いすれば、きっと気も変わって行ってくれると思ったんです」

ようやく寿さんが態度を軟化させ、お盆を利用して京都府宇治市にある宇治別格本山*の練成会に行くことを承諾したのは、昭和六十一年八月のことだった。しかし、いざ出発の朝になると、「お前一人で受けて来い」とか「俺は近くのホテルに泊まる」とか言い始めた。重い腰を上げたのは夕方になってからで、練成道場に着いた時には日が暮れていた。

次の日、早朝行事のため早く起こされて不機嫌になった寿さんは、「もう帰るぞ」と言って、今にも帰りださんばかりだった。しかし育子さんは、「せっかく来たのだから今日一日だけでも受けましょう」となだめて引き留めた。

講話中、寿さんは部屋の後ろの方で壁にもたれて聴き、育子さんが目を離すとすっと部屋から消えてどこかに行ってしまっていた。育子さんは仕方なくその日のうちに夫と岐阜に帰るつもりでいたが、講師から個人指導を受けるように勧められ、その指導日が翌日になったので、寿さんに頼んでもう一泊することにした。

翌日、中川さん夫妻は、榎本恵吾講師から個人指導を受けた。寿さんは、そこで会社の経営が行き詰まっている状況を打ち明けた。それを聞いた榎本講師は、一枚の紙を取り出し、そこににこやかに微笑《ほほえ》む〝お日さま〟の絵を描いて、「あなたの本当の姿はこれです」と指さし、言葉を続けた。

「生きとし生けるものを無条件に生かして下さっているのが神様です。あなたは自分で生きているんじゃないんです。神様に生かされているんです。今どんな問題があろうとも、まず生かされていることを喜ぶのが先です。あなたは神の子です。神の子はそのままで円満完全なんですよ」

寿さんは指さされた絵に見入りながら、その話に愕然《がくぜん》とした。

「問題の解決のために何か参考になることを言ってくれるのかと思っていたら、『生かされていることを喜びなさい』とおっしゃったんです。思ってもみなかった言葉に驚きましてね。話を聞いていくうちに今まで思い悩んでいた問題がひどく詰まらないことのように思えてきたんです」

現象の奥にある、神の創《つく》られた完全円満な世界を観《み》ることや、天地一切のものに感謝することの大切さなど、かつて聞いたこともない神様の話にどんどん吸い込まれていく自分を感じた。指導は二時間にわたったが、寿さんは部屋を出るなり、育子さんに「頭の中が空っぽになったよ」と言った。そして、急に生長の家をもっと知りたいと言い出した。

作文

三日間、練成会を受けて家に帰ると、中川さん夫妻は一緒に神想観《しんそうかん》*をしたり、生長の家のお経を読んだりするようになった。「現象はない、実相を観よ」という教えに触れていくうち、寿さんは今までの自分の生き方を反省した。

「経営難という問題を必死に掴《つか》んで、現象ばかりに捉《とら》われている自分に気づいたんです。従業員に対しても、自分が雇《やと》ってやっているというような驕《おご》りがあったことや、資本金を返せと言った従業員を恨んでいたことは、経営の失敗の責任を従業員に転嫁《てんか》して、自分は責任を逃れたいという気持ちがあったからなんです」

自分のことを考える前に、まず従業員を思いやることが先決だと思いなおし、会社の負債は全部自分が引き受け、従業員には一切責任を問わないようにしようと決めた。そして、会社のことを自分がどうこうしようと考えるのはやめ、神様にお任《まか》せしようという気持ちになった。

その後、従業員は皆、他の職を求めて去って行ったが、辞《や》める際にトラブルが少しも起きなかったことに感謝した。借金の三千万円は残ったままだが、夫妻は「神様に守られているから、もう不安感がなくなっていた」と口を揃《そろ》える。たまたま顧問税理士が借金のことを心配して訪ねてきた時も、「何とかなりますよ」と笑って答えて呆《あき》れさせた。

かつての寿さんにはなかった明るさを、二人の子ども達も感じ取っていた。ある日、寿さんは、当時、中学生だった次男の善信《よしのぶ》さんの作文を目にした。そこには、「お父さんは練成会に行ってからすごく変わった」と書かれていた。

「今まで子どもに対して命令的で、〝だまれ〟とか〝うるさい〟で終わるような親で、子どもと話をする機会もなかった。ところがその作文を見たとき、とても嬉《うれ》しくてね。練成会で自分は本当に変わったんだなと実感したんです」

仕事が少なくなった分、その時間を生長の家の勉強にあてようと思い、宇治別格本山の練成会には暇を見つけて、たとえ一日だけでも毎月参加した。「今を一所懸命生きていれば必ず道は開かれる」。そう信じて疑わなかった。地元で生長の家の活動も行うようになった。

新事業

平成五年二月のこと。寿さんに、東京に本社のある大手建築設備会社の名古屋支店から電話がかかってきた。相手は全く面識のない人だったが、用件は、岐阜市内に建築中の公共施設の建築現場で、人手が足りないからすぐ人を集めて欲しいということだった。

「もともとうちは鉄工所で、建築関係とは縁もなかった。それに会社は名義が残っているだけで、工場も無いし人もいない。どうして今頃うちにそんな依頼の電話がかかってきたのか不思議でね」

疑心暗鬼のまま知人夫婦や、専門学校生の次男にも声をかけ、指定された日に四人で現場に向かった。仕事は建築設備の雑工事。素人で仕事の要領は何も分からなかったが、手取り足取り教えてもらって、どうにかやりとげた。

そこの工事が済む七ヵ月ほどの間にいろんな建築業者と知り合いになり、うちの現場でも働いてほしいと声がかかった。寿さんはいやな顔もせず快く引き受けた。やがてこなしきれないほど仕事が増えてきたので、人を雇い始めるようになった。

「あれよあれよという間に一つの会社ができあがったという感じでね。借金もすべて返済できたんですよ」

現在は十人ほどの作業員を雇うまでになった。その後、売り上げも右肩上がりだという。

「借金があったおかげで生長の家を知り、会社も再建できました。そう思うと三千万の借金もええ勉強になりましたわ」

現在、寿さんの会社は、(株)三愛と改め、ビルのスプリンクラー設置工事や空調機器設備工事などを行う。長男の勝人《かつひと》さん（27）は岐阜市内の建築設備会社で働き、次男の善信さん（23）は父親の下で働く。

寿さんは事務所の机から原稿用紙を取り出した。それは、善信さんが中学生の時に書いた作文だという。そこには、「兄弟で仲良く仕事をしていきたい、そして将来生長の家の道場を建てたい」という自分の夢が書かれていた。

「将来が楽しみですね」

子どもたちの成長ぶりが嬉しくてならないという笑顔だった。

（平成八年六月号　取材／水上有二　撮影／中橋博文）

＊練成会＝合宿形式で生長の家の教えを学び、実践するつどい。全国各地で毎月行われている。お問い合わせ先は、巻末の「生長の家練成会案内」「生長の家教化部一覧」を参照。
＊宇治別格本山＝巻末の「生長の家練成会案内」を参照。
＊神想観＝生長の家独得の座禅的瞑想法。谷口清超著『神想観はすばらしい』、谷口雅春著『詳説　神想観』（ともに日本教文社刊）参照。

「行き詰まりはない世界」に目覚め建設不況を乗り越える

沖縄県　兼村工務店代表取締役　兼村憲昭《かねむらけんしょう》さん（63歳）

兼村憲昭さんは平成三年、五十三歳で建設会社を興《おこ》した。が、不況の波にもまれ、同業者の倒産のあおりもうけて経営危機に陥《おちい》った。そんな苦境のなか、「自分が仕事をしているのではない、周囲の愛に生かされているのだ」と知った……。

沖縄県中部に位置する米空軍・嘉手納《かでな》基地。ジェット機が頻繁《ひんぱん》に離着陸する広大な基地のフェンスを眺《なが》めながら、交差点を左折すると、住宅街の突き当たりに東シナ海の青い海原が広がった。さらに堤防沿いに車を走らせると、「兼村工務店」の看板が見えてきた。

事務所前の駐車場では、十数人の職人たちが忙しそうに資材をトラックに積みこんでいる。

「いま十五ヵ所の工事現場をかかえているんですよ」

社長の兼村憲昭さんが、真っ黒に日焼けした笑顔を見せた。(有)兼村工務店は内装工事を専門に扱う。社長自ら、ヘルメットと作業着を車に積み、北谷町《ちゃたん》の児童館や宜野湾《ぎのわん》市のマンション建築現場などを駆け回る毎日という。

マンションの建築現場では、外装、下水道の配管、電気関係など数十社の工事関係者が出入りし、最後に内装工事が行なわれる。とくに三月から四月にかけての春休みには、学校の校舎や体育館などの公共工事も集中するので、職人の確保や資材の手配に気を抜けない。内装工事は、いちばん顧客の目にふれる部分なので仕上げには気を遣《つか》う。途中の工事で遅れが出ると、作業日程が慌《あわただ》しくなることもあるが、「納期に間に合わせるのも、また腕の見せどころ」と兼村さんは笑う。

「建設不況になって、何度か経営不振に陥りました。先行きの不安にかられ、精神的に不安定になった時期もあり、妻からは二度も離婚届を突きつけられたことも……。そんな中で、『どんなときにも行き詰まりはない』と教えられたのは二年前のことでした」

独立起業はしたが……

兼村さんは、昭和十二年の生まれ。読谷《よみたん》高校を卒業した後、上京して日本大学工学部に進学。卒業後は沖縄に戻って建設会社「国場《こくば》組」に就職し、十八年間、米軍住宅や公共事業など木造建築部門にかかわった。

その後、上司と共に新会社を興し、バブル経済の波にのって建設需要が多くあった時期には、辣腕《らつわん》を振るって仕事を拡大した。そして「これなら独立してもやっていける」と自信を持ち、内装工事専門の兼村工務店を設立した。平成三年、兼村さんが五十三歳のときだった。

会社をスタートさせた当初は、まだバブルの余波の中にあった。だが、まもなく景気が後退しはじめ、仕事が急激に減っていく。平成八年頃からは経営不振になり、しだいに仕事に身が入らなくなって、生活が乱れはじめた。

朝は遅く出勤し、夕方からはパチンコに出かけ、泡盛《あわもり》を飲んで毎晩深夜に帰宅するような生活。仕事がうまくいかず、「将来どうなるのかと怖気《おじけ》づき、不安でしかたがなか

「仕事や人に恵まれて、有り難いことばかりです」と兼村さん

った。何かで心のウサ晴らしをするしかなかった」と兼村さんは振り返る。家に帰っても、子供の寝顔をみるだけで、家族との会話もなくなっていった。

そして平成九年暮れ、元請《もとうけ》の会社が倒産して三つの工事代金が未払いとなり、千八百万円が回収できなくなった。いきなり背負い投げをくらったような心境だった。

「私は中学・高校時代は柔道部で、小柄でしたけれども、背負い投げが得意だったんです。自分から捨て身で仕掛ける技だから、度胸がないと出来ない。私は若い頃から体力には自信がありました。でも、会社経営はそれだけではやっていけないんですね」

二つの公共工事を受注して何とかしのいだが、やがて手形が不渡りになった。従業員の給料や資材購入費の支払い期限も迫ってくる。金策に走り回ったが、銀行から借り入れをしようにも、保証人が見つからない。手形を買い戻さなければ会社は潰《つぶ》れる……。最後の頼みの綱は、二十七年間仕えた元上司だった。事情を説明したところ、

「担保にできる土地があるが女房の名義になっているから、私の独断では決められない。君から女房に話してみてはどうか」

と言われた。元上司の夫人が十九年間も病院生活を続けていることを知っていたので、

無理なお願いをするのは気がひけたが、もう戻る所がなかった。恐る恐る病院へ出かけると、夫人からこういわれた。

「兼村さん、あなたが主人の片腕となって長い間支えてくれたおかげで、私たちは四人の子を立派に育てられました。こんどはあなたに恩返しをする番ですね。どうぞ、会社の建て直しに使ってください」

人の心の温かさに触れて、涙が出るほど有り難かった。

夫人に土地を担保に入れてもらい、銀行から資金融資を受けることができて、ようやく会社の危機をしのいだ。だが、綱渡りのような会社経営に、兼村さんは身も心も疲れ果てた。

環境は心がつくる

高校生の長女が原因不明の病気になったのは、事業につまずいて、家に帰れば夫婦喧嘩が絶えなくなっていた頃のことだ。

妻の末子さん(52)は、ユタ(沖縄の霊媒師)を頼って相談に行ったり、仏教寺院へ教えを学びに出かけるようになった。

「私たちは再婚同士なんです。主人のほうに子どもはいませんでしたが、私には連れ子がいて、一緒になってからは一男二女の子に恵まれました。主人の悩みも分かっていましたが、私には会社のことはどうにもならない。家族がバラバラになってしまうような気がして、それで信仰を求めるようになったんですよ」

と末子さんは言う。小銭を貯めては神社や水子寺に参拝し、金剛杖に白い法衣を着て四国八十八ヵ所巡礼の旅にも出かけた。

「妻の思いには、実際頭が下がりました。それでも、まだ『何かが足りない』と妻は口癖のように言っていました」

平成十一年十一月のこと。次女の同級生の父親から「生長の家の誌友会*に行ってみませんか」と誘われた末子さんは、隣町で開かれた誌友会に参加した。

「『人間は神の子、本来完全円満である。環境や運命は心の影、心を変えれば環境も変わる……』という話でしたね。感動しました」

帰宅するとすぐさま、夫にその教えの素晴らしさを語り伝えた。

翌月からは、夫婦揃って誌友会に参加するようになった。兼村さんはそこで「神想観」という生長の家独得の座禅的瞑想法をはじめて教わった。

「瞑想のはじめに、荘厳な招神歌《かみよびうた》を聞いたとき、頭からつま先まで電流が走るような衝撃を感じました。長い間、心に霞《かす》みがかかったような状態でしたが、すーっと澄《す》んでいくような気分になりました」

さらに講師の真栄城玄信《まえしろげんしん》さんからは、事業の失敗から起《た》ち上がった体験を聞いた。「〝宇宙銀行〟には無限供給の世界がある。『預金払戻証　一金一億円也』という紙を壁に貼《は》り、それを本物と信じて毎日心に念じていたら、事業資金が本当に集まってきた」という話だった。「心に強く念じたことは、必ず実現する」という「心の法則」をはじめて知り、自分の心の弱さが事業不振を招いたのだと、兼村さんは痛感した。そして真栄城さんが講話のなかで紹介した、『行き詰りはない*』(生長の家総裁・谷口清超著)という本をすぐに買い求めた。

「事業の状態は、自分の心の反映だったんだ。いままでの自分は、自分が、自分がという我《が》の思いで仕事をしていたのではないか。そうではなく、周囲から生かされて、はじめて事業ができるのだ」

と思い到ったとき、これまで感じたことのない、心が浮き立つような喜びに満たされた。

「誌友会を終えて、帰るときの主人の顔が輝いていました」

以来、夫妻は教えを追い求めて、毎週のように県内各地で開かれている誌友会や生長の家の講演会を渡り歩くようになる。やがて、長女も一緒に話を聞きに行くようになり、だんだんと元気を取戻した。

愛に生かされている

「自分は周囲の人々の愛によって、生かされている。行き詰まりはないんだ」

そう考えを改めてから、兼村さんの生活態度も変わった。

朝はいちばんに出社して、社員を笑顔で迎えた。夜遅くまで設計図面に目を通し、書類や帳簿を点検して仕事に無理や無駄がないかと改善した。休日にも、社員が現場に出ているときは電話連絡を入れ、問題があればすぐさま現場に出向いたりと、無我夢中で

働いた。そして、

「ひとりの事故も起こさず、社員が健康で幸せでありますように」

と、毎日祈るようになった。

それまでは、帰宅すると入浴して寝酒を飲んでベッドに入るだけだったが、教えを学ぶようになってからは、妻との共通の話題もふえて、毎晩語り合うようになった。就寝前には、『生命《せいめい》の實相《じっそう》』*を開いて数ページ読み、心の疲れを癒して明るい気持ちで休むことができた。

仕事で移動する車の中でも、生長の家の講話テープを熱心に聴いた。半年ほど前からは、毎朝五時から開かれる「早朝神想観の集い」にも出席しはじめた。

「朝の行事に参加すると、仕事にも新鮮な気持ちで取組むことができるんです。わが前途に不安なし、という心境になりましたね。日々これ前進あるのみですよ」

妻の末子さんは一年前から、自宅で生長の家の「母親教室」*を開いている。

「子どものことで悩んでいる親は多いんですよ。ご近所の主婦仲間にも〝人間・神の子〟の教えをお伝えしたいと思いましてねえ」

と、末子さんは微笑《ほほえ》む。

そして今年一月。兼村工務店に受注金額一億七千万円という、大きな仕事が舞い込んできた。会社の経営はこれで久々の黒字決算となった。

兼村さんは、はじめて誌友会で聞いた〝宇宙銀行〟の話を、いま思い出している。

「あれはやっぱり本当にあることだった。払戻金一億円という話でしたが、わが社にきたのはそれ以上の金額でしたよ」


（平成十三年六月号　取材／亀崎昌義　撮影／鴨志田孝一）

＊誌友会＝生長の家の聖典や月刊誌をテキストにして教えを学ぶ信徒のつどい。
＊『行き詰りはない』＝たとえ行き詰っても、自我を捨て去る時、無限の世界が顕われることを説く。日本教文社刊。
＊『生命の實相』＝生長の家創始者・谷口雅春著、全四十巻。昭和七年発刊以来、累計千九百万部を超え、無数の人々に生きる喜びと希望を与え続けている。日本教文社刊。
＊母親教室＝生長の家の女性のための組織である「生長の家白鳩会」が主催する母親のための勉強会。お問い合わせは、最寄りの生長の家教化部まで。巻末の「生長の家教化部一覧」を参照。

「素人でも、やればできる」プラス発想でヒット商品を創り出す

高知県　ヘイワ原紙社長　山岡陸宏《やまおかみちひろ》さん（60歳）

高知県にある紙加工メーカー・（株）ヘイワ原紙は、世間の不況をよそに増収を続け、今期の売上高は前期の倍を越す勢いだ。そのパワーの源は、社長の山岡陸宏さんの徹底した「プラス思考」に裏打ちされた商品開発にある。

高知市内から西に約十五キロ、田園風景が広がる高知県日高村にヘイワ原紙（従業員二十二名）はある。同社は、香料・おしろいから、粉状にしたセラミックスやステンレス、トウモロコシの芯《しん》まで、「紙の上なら何でもコーティングする」独自の技術力をもつ。

主要製品は、紙にパウダーを塗布した「紙おしろい」や脂取り紙。ほかに原稿用紙や

紙風船、靴の中敷きなどがあり、大半は大手メーカーの商標で販売される製品の受注生産を行っている。

男性向けに開発された同社の脂取り紙を使うと、拭《ふ》いた後にメントールの香りが漂《ただよ》う。香料をマイクロカプセルに入れて紙の表面に塗ったものだ。若者にうけて、売れ行きも好調という。

「朝七時から夜十一時半まで二交代でやって、工場はフル稼働。前期二億円の売上高が、今期は五億円に達する見込みです」

と顔をほころばせる山岡社長。これまで幾度も苦境を味わっただけに「良くて有頂天にならず」と身を引き締めるが、「うちには他社にない技術の積み重ねがある」という言葉には、強い信念に支えられた経営姿勢が感じられる。

忘れられない言葉

ヘイワ原紙は昭和三十年、父親の茂太郎《もたろう》さん（87）が、印刷用タイプライター原紙のメーカーとして設立。タイプライターを使ったタイプ謄写《とうしゃ》印刷が普及し始めた頃で、同

「努力すれば道は必ず開ける」と一途な情熱でモノ作りに賭ける山岡社長

社は設立の翌期から黒字を計上、順調に業績を伸ばした。

現社長の山岡さんは昭和三十八年に高知大学農学部を卒業、名古屋市で二年間の紙販売店勤務を経て、ヘイワ原紙に入社。そして五十八年に社長に就任した。

入社して十年くらいは経営は順調だった。だが、昭和五十年代から原紙業界は大きな変革期を迎える。印刷のシステムが変わり始め、タイプライター原紙の需要はしだいに減少し、転業、廃業する同業者も出てきた。山岡さんは先行きに不安を感じ、悩む日々が続いた。

その頃のこと、得意先である高知市内の印刷会社・西村謄写堂に出向いた山岡さんは、将来の不安を社長の西村勉さんに愚痴《ぐち》っぽく語った。

「そんな考え方では、経営者は務まりませんよ」

西村さんはそう言って苦笑した。そして、「東京で経営の勉強会があるから」と山岡さんに参加を勧めた。その勉強会とは、東京・調布市にある生長の家本部練成道場*で開かれた生長の家栄える会*のセミナーだった。

「両親が熱心に生長の家を信仰しているし、西村社長も信徒だと知って、不思議なご縁だなと思いました。だけど、それまで宗教は暗いイメージだと思っていたので、私は親から信仰を勧められても避けていたんです」

ところが、得意先の社長の勧めということもあり、山岡さんは結局参加することにした。

セミナーでは、京セラを創業した稲盛和夫氏の講演があったが、そのとき聞いた言葉は生涯忘れられないものとなった。

「人の力というものは『能力』×『努力』×『想念』で、いくら能力があって努力をしても、心の想《おも》いがマイナスだったら、掛け算だから結果はマイナスになってしまう……」

自分に今、一番欠けているのは、「プラスの想念」だったと反省させられた。そして心に新たな決意がみなぎってきた。

(タイプライター原紙がダメならそれに代わるモノを作ったらええ。よっしゃ作ろう、やればできる。必死でやったら何とかなる)

必死でやれば報われる

これを契機に、山岡さんは製造の現場に入り、開発に手を染めるようになる。当時業界では、タイプ原紙の後にファックス原紙が台頭し、各社こぞって開発にしのぎを削っていた。すでに国内では、同業の二社が開発に成功していた。製品化には高度な電気的、化学的知識を必要としたが、「これをモノにせんと生き残れん」と執念だけで開発に取りかかった。

山岡さんは農学部の出身で、電気や化学のことは素人だった。そのため、何度も薬品メーカーの研究室や紙業試験場に足を運び、頭を下げて教えを請《こ》うた。ファックス原紙はカーボンを使うので、いつも体が真っ黒になった。それでも「必ずできる」という信念で、寝食を忘れて開発に没頭した。

その熱意が実り、商品化にこぎつけたのは二年後。しかし三番手として商品を出すため、他社にない特色を出さなくては売れないと考え、原紙と台紙を貼《は》り付けてラミネート加工した商品開発を目指す。

どんな糊《のり》を使い、どんな方法で貼り付けるかに苦心したが、たまたま糊の中にシリコンをいれたところ良い結果を得られた。さらに原紙のベースに薄くて強いポリエステルを使い、よりきれいな印刷ができる製品に仕上がった。このファックス原紙は実用新案を出願し、特許を取得。製品は好評で、大手メーカーに商品を供給できることになった。

「ファックス原紙の完成は、素人でも必死でやったらなんとかなるという自信を与えてくれた。それが今も開発の大きなバックボーンとなっているんです」

苦労して開発したファックス原紙だが、完成した時、すでに業界ではファックス原紙の需要は衰退の兆しが見えた。続いて昭和六十年にワープロ原紙を商品化したが、これも数年で需要が減少。原因はコンピュータによるＯＡ化の影響で、原紙を使う謄写印刷用輪転機が使われなくなったためだ。

月のうち半分も仕事がなく、従業員には自宅待機をさせる時期が続いた。国から雇用調整給付金をうけて何とかしのいでいたが、会計士からは転業か廃業を勧められた。

「でも、決してあきらめずに商品開発をやっていけば、必ず道は開かれるという思いはあった。『人間は神の子、無限力』の生長の家の教えが支えになってくれたんです」

山岡さんは東京で栄える会のセミナーに参加して感銘を受けて以来、高知の生長の家の行事にも参加するようになっていた。

そうしているうち、昭和六十一年頃に商品化に成功していた登記用ワープロ原紙が、平成元年、法務局に採用されて大口の受注が入り、業績が徐々に上向いていった。その後、自社の技術を使って化粧品の分野にも進出。今では国内シェアの半分を占める「紙おしろい」が、主力商品に成長している。

行き詰まりの世界はない

山岡さんの経営の特色には、人的ネットワークを重視していることがあげられる。現在、二つの異業種交流会のメンバーに加わっているが、「交流会での情報交換がなければ、現在のヘイワ原紙はなかった」と言い切る。

ヘイワ原紙には、水溶性の紙風船というユニークな商品があるが、それもこうした交流会の場が開発のきっかけになっている。

平成元年頃、ある親睦会の酒席での出来事だった。テレビニュースで日本の自動車をたたき壊しているアメリカ人の姿を見た山岡さんと仲間の人たちは、ジャパンバッシングに憤慨した。

「『風船爆弾でも飛ばすかよ』って冗談で言ったんです。すると大きな和紙の気球を作ろうと言うことになり、どうせならエンジンを付けてとか、形はクジラにしようと話がどんどん展開していって、遊び心で長さ四メートルのクジラの和紙製飛行船を作ったんです」

これを県内のイベントで飛ばしたところ人気を集め、テレビや新聞で話題になり、県内各地のイベントで活躍した。平成四年に皇太子殿下が高知で育樹祭をされた時、県から何か飛ばせるものを作ってほしいと依頼がきた。そこでヘリウムガスが抜けにくい気密性の高い紙を使った紙風船を考案し、五百個作って飛ばした。

紙風船はゴム風船と違い水に溶け、後に何も残らない。環境に優しい商品ということで話題を呼び、今も日本各地のイベントで使われている。

「うちの製品は、酒を飲みながらとか、ふと口にしたことが製品になっている。上手《うま》く行くんだから運がいいというか、ちょっとタイミングがずれていたらこれらの商品は世に出ていなかったかもしれません。一見偶然と見えるこの出会いも、神様のお導きとして受けとめています」

製品開発の裏には、運だけではなく、たゆみない努力があることは言うまでもないが、たとえ失敗しても、山岡さんは後悔しないことにしている。なぜなら失敗は、「もっとほかにいい方法がある」ということを教えてくれているからだという。そう思えば落ち込むことはない。何もモノ作りだけでなく、営業でも業務でも考え方は同じだ。

プラス思考を地でいく山岡さんだが、アイデアがなかなか浮かんでこないときもある。そんなときは決まって、夢の中で何らかのヒントがあるという。

「寝ている間でも心臓が働き、肺が動き、血液が循環しているように、潜在意識も昼間の思いが続いている。その思いが強ければ強いほど、夢で答えが出てきます。昼間いろいろやって問題を抱えているのに夢に出てこないと、まだまだ昼間の取り組みが足らんと反省しています」

人間は目に見えない大きな力に生かされていると、山岡さんは言う。だから毎朝、神想観を欠かさず実修して、神との一体感を深めている。

「神の世界は無尽蔵なように、神の無限の力が全身に流れ入る様を心に描いて仕事に取り組めば、行き詰まることはありえない、というのが私の信念です」

プラス思考に裏打ちされた不断の努力、そして無限の力を呼び起こす日々の祈り――山岡さんの経営者としての姿は、不況を乗り越え、企業を繁栄に導く一つの方向性を示《し》唆《さ》している。

（平成十三年七月号　取材／水上有二　撮影／中橋博文）

＊生長の家本部練成道場＝巻末の「生長の家練成会案内」を参照。
＊生長の家栄える会＝生長の家の経済人の集まり。お問い合わせは「生長の家栄える会中央部」へ。（〒一五〇―八六七二　東京都渋谷区神宮前一―二三―三〇　電話〇三―五四七四―六〇九〇　ＦＡＸ〇三―五四七四―六〇三九）

不況でも売上が毎年10％以上伸びる会社
——その繁栄のきっかけは

北海道　相互通商代表取締役　石尾《いしお》一夫《かずお》さん（64歳）

会社を設立して六年目、売掛金が焦げつき経営危機に陥った。石尾さんはそのピンチの最中に、生長の家の全国大会に参加した。大会の講話に感動して、石尾さんの心が大きく変わると、不思議なことに銀行からの融資や、取引先の援助が次々と得られ、苦境を乗り切ることができた。現在、石尾さんの会社は、不況のなかでも毎年10～15％も売上を伸ばし続けている。

北海道拓殖《たくしょく》銀行が崩壊して以後、北海道内の中小企業の経営者は非常に厳しい状況に立たされている。しかしそんななかでも、従業員七人の相互通商(株)の経営は順調だ。

一般家庭やマンション、業務用の石油暖房機器の施工、メンテナンスが主な仕事だが、最近は駐車場やガソリンスタンドなどに設置して雪を溶かす融雪槽やロードヒーターが普及してきたことで、この方面の仕事も増えている。

「夏から秋にかけてはメンテナンスの仕事、冬は毎日、緊急の修理に追われています。景気不景気に関係なく、おかげさまで年中忙しいんです」

石尾さんはゆっくりと話す。その口調は聞き手をゆったりとした気分にさせてくれる。

石尾さんは、この業界の草分けでもあり、北海道石油燃焼機器整備業組合の理事長となって四年目、消防庁や暖房機器業界にも認知される業界に育ててきた人でもある。

最大のピンチに遇《あ》う

石尾さんは函館出身、二十三歳で札幌に出て、石油販売会社の営業マンとなった。十三年目の昭和四十六年に独立し、現在の会社を設立した。

「若いころは左翼思想にかぶれ、共産党の党員でしたから、経営者に反発心をもっていました。結局、サラリーマンであることに飽き足らなくなり、会社を飛び出したんです」

当時、暖房用の燃料は石炭から石油に変わる転換期だった。暖房機器の販売、修理の仕事は時代の波に乗って増えていった。

ところが五十二年、会社をたたまなければならないような事態に追い込まれた。ある販売店へ機器を売った代金が回収できなくなったため、二千万円の負債をかかえてしまったのである。

「得意先や社員に対して責任があります。何としても乗り切らなければならないと必死で、あらゆる算段をつくして駆け回りました」

夫人の敏子《としこ》さんは当時を振り返って、こう言う。

「その頃の私たちには、大変な借金でした。でもそのとき、野垂《のた》れ死にしても主人についていこうと、ご先祖に誓ったんです」

敏子さんは会社の設立以来、石尾さんの片腕として協力し、現在も役員として、経理面を担当している。

相互通商の仕事は冬の北海道にはなくてはならない暖房器具のメンテナンス

全国大会に参加し、状況が好転

石尾さんは生長の家の信徒である。生長の家では、現在は毎年五月はじめに東京・日本武道館で、「白鳩会」（女性対象）、「青年会*」、そして男性と経済人を対象とした「相愛会*・栄える会合同」の三つの全国大会が開催されている。

その年、昭和五十二年は三月に横浜で「第一回相愛会男子幹部全国大会」として、男性のための最初の全国大会が開催されたのだが、石尾さんが苦境に立っていたのは、その大会を一ヵ月後にひかえたころだった。

当時、生長の家札幌教化部*では、この全国大会の参加者を募《つの》るために、勧誘する対象者をピックアップし、道場の壇上に貼り出していた。

「身内の者がたまたま教化部へ行きまして、私の名前が載っていることを見ましてね。でも会社が大変な状況でしたから、全国大会に参加することは眼中にありませんでした」

それから数日経って、早朝の神想観を行うため、教化部へ出かけたところ、信徒さんたちが毎日、対象者一人ひとりの名前を読み上げ、祝福の祈りをしていることを知った。

そのとき石尾さんは、ふと「大会に行けば、神さまから何か示唆《しさ》を与えられるのではないだろうか」という思いがした。そして、何よりも自分のために祝福してくれている人たちに心から感謝をし、無理をしてでも、全国大会に参加することにした。

「二十年以上も前のことなので、記憶がはっきりしないのですが、谷口清超《たにぐちせいちょう》先生＊が『神の世界は無限供給である。人に愛を与える生活をすることが大切』という趣旨の話をして下さったと思います。

この時、私は本当に救われました。それから仕事に自信と喜びを感じられるようになりました。脱サラして今の仕事を始めた時から、他人の仕事がうらやましいとか、もっといい仕事があるんじゃないかと、常に思っていたんです。でも、大会で話を聞いたことで、私にはこの仕事しかないと思えるようになりました」

石尾さんは笑いながらつけ加える。「これを機に、完全に意識改革ができたのです。当時は『転職』だと思っていたのですが、今は『天職』と思っている」と。

希望と明るい気持ちをもって大会から帰った後、銀行と国民金融公庫に申し込んでいた融資がトントンと決定した。また、問屋とメーカーも手形の決済を延期した上、新規の取引先を紹介してくれたりした。

その後は暖房器具の販売から手を引き、メンテナンスだけに専念した。経営危機を乗り越えてから現在にいたる二十二年間、石尾さんは毎年かかさず全国大会に参加している。

「谷口清超先生、谷口雅宣《まさのぶ》先生*をはじめ先生方の、真理に基づいた心の持ち方に役立つ話は本当にありがたいと思っています」

石尾さんにとって、今や全国大会は年中行事の一部になっている。「『歩けるうちは参加する』と仲間に宣言している」と明るく笑う。

教えを仕事に生かす

石尾さんに生長の家の教えを伝えたのは、妻の敏子さんだ。敏子さんは十代のころ、両親を病気で亡くし、悲しんでいたところを、知人から誘われて、生長の家の講話を聴きにいったことが、機縁となって信徒になっていた。

昭和四十七年、石尾さんは敏子さんに勧められて、生長の家の講演会に出かけた。が、その時は共産党員だったせいもあり、非常に反感を抱き、帰宅するなり、家人を怒鳴りつけたりした。

しかし、それから一年後、石尾さんは「仕事の上でも家内の世話になったり、迷惑をかけているので、家内の言うことを少しは聞いてもいいかな」と、軽い気持ちで教化部で開催された四泊五日の生長の家練成会に参加した。

それでも一日目と二日目は、講師の話を聞くのも苦痛だった。しかし三日目の夜に行われた「浄心行《じょうしんぎょう》＊」で、石尾さんの心は一変した。

昭和四十六年に死去した父・正雄さんのさまざまな思い出が、心のなかに蘇《よみがえ》ってきたのだった。

「初孫の長女をとても可愛がってくれたことを思い出し、はじめて父の優しさを感じました。その父に親孝行できずに本当に申し訳ないという気持ちでいっぱいになり、男泣きに泣きました」

そのとき、生長の家の『大調和の神示＊』の中にある「汝《なんじ》らの兄弟のうち最も大《だい》なる者は汝らの父母《ちちはは》である。神に感謝しても父母に感謝し得《え》ない者は神の心にかなわぬ」という言葉が、心のなかにストレートにしみ込んできた。

それまでの石尾さんは、自分のことだけに凝《こ》り固まり、相手の思いには全然関心を持たないような性格だった。それが、

「目の前をおおっていた霧が一掃されたような感じとでも言いますか。愛なる人間の本質というものを、多少なりとも練成会で学ばせていただいたおかげで、誰に対しても親しみをもって言葉をかけられるように、開放的に明るくなりましたね。共産党もやめました」

生長の家の教えは仕事の面にも生かされ、前述のように素晴らしい業績として反映されている。

業界の会合では、時節がらどうしても湿った話になりがちだ。

「結局、いかに利益を生むかという話に突き当たるのですが、お客さんに対して安心と安全を提供し、そして信頼される仕事をしてこそ、満足してもらえる、これが根本なんだよ。目先の儲《もう》けを追って雑な仕事をしては信用を失うだけ。『与えよ、さらば与えられん』の言葉どおりに、お客さんの要望に応《こた》えれば必ずほかの仕事を紹介してくれる。

感謝して相手に尽くすことが第一だよ」

などと、組合の仲間に話している。

相互通商の売上の十パーセントは、市から委託される仕事だ。暖房器具が必要な繁忙期は、公共の仕事は利幅が少ないので、同業者は敬遠しがちだ。そこを石尾さんはあえて引き受けてきた。不況が長引く現在、石尾さんの会社は結果的に、確実な売上を保つことができているのだ。

三年前、石狩海岸を散歩していたとき、波打ち際に衰弱して動けなくなったゴマフアザラシの子供を見つけた。石尾さんは小樽水族館に電話して、保護を頼み、それが地元の新聞に載ったことがある。

昨年の春、「水族館でゴマフアザラシがベビー・ラッシュ」という記事を目にして、そのことを思い出し、水族館に電話をした。

「その子供が成長して、もう父親になっていますから逢《あ》いに来て下さいと言われ、孫を連れて行ってきました。アザラシの話を息子の光太郎に話したら、お父さんいいことをしたね、とほめられましてね」

光太郎さんは、北海道大学の大学院を卒業後、日本製鋼所の社員となったが、現在、茨城県東海村の日本原子力研究所に出向し、未来エネルギーの核融合の研究をしている。

光太郎さんに、石尾さんは「私の仕事を継ぐことはいっさい考えなくてもいいから、人類のためになることをしなさい」と声援を送っている。

石尾さんは最近、地球環境の問題に関心をもっている。特に自身の仕事にも関連している排気ガスによる地球温暖化に関心が深い。工業用設備には規制があるが、一般家庭のものは規制対象になっていないのだ。

「クリーンな排気ガスを出す暖房器は、価格が高くはなりますが、製造可能なんです。みんな温暖化の問題に関心がありますから、作れば必ず売れると思うのです」

石尾さんは今、地球環境についてのセミナーなどに積極的に参加し、地球を汚さない省エネで快適な生活ができるようなノウハウを勉強していきたい、と考えている。

（平成十一年五月号　取材／衣笠幹史　撮影／加藤正道）

＊青年会＝生長の家の青年男女を対象とし、生長の家の真理を学び実践する会。
＊相愛会＝生長の家の男性のための組織。全国津々浦々で集会が持たれている。
＊教化部＝生長の家の地方における布教、伝道の拠点。巻末の「生長の家教化部一覧」を参照。
＊谷口清超先生＝当時、生長の家副総裁。現・総裁。
＊谷口雅宣先生＝生長の家副総裁。
＊浄心行＝過去の悪想念、悪感情などを紙に書き、生長の家のお経『甘露の法雨』を誦げる中、浄火で燃やす宗教行事。
＊大調和の神示＝谷口雅春先生が昭和六年に霊感を得て書かれた言葉で、この全文は『甘露の法雨』『新編　聖光録』『御守護　神示集』（いずれも日本教文社刊）等に収録されている。

「無我献身」を貫く建築石材会社の繁栄の軌跡

新潟県　信越石材工業代表取締役　丹羽隆志《にわたかし》さん（50歳）

三十九歳のとき、アパートの一室で建築石材会社を創業。資金も人脈もない、〝ないないづくし〟の出発だったが、お客様に喜ばれることを第一にしてビジネスを展開、県下で業界トップの座についた。いまや「世界中の人々の役に立ちたい」と、さらなる一歩を踏み出している。

平成九年三月に落成したという県の医師会館。グレーの石壁の外観が重厚な雰囲気を漂《ただよ》わせる。石の表面が独特のザラザラ感に仕上がっているせいか、無機質で冷たい印象はない。

「これは南アフリカで採掘した原石をマレーシアの工場で加工したものです。表面を高熱で焼いて処理して、こういう質感を出しているんです。厚みは三センチ。それを一枚一枚、手作業で壁面に取り付けていくわけです」

その工事を請け負ったのが、信越石材工業(株)である。社長の丹羽隆志さんは、壁を撫《な》でながら、感慨深げに会館を見上げた。

「こうして建物を見ていると、いろんな人の顔が浮かんできます。日夜、図面に取り組んでくれた人、汗まみれになって働いてくれた職人さん、製品を作ってくれた人、仕事を任せてくれた現場監督さん、うちの社の担当者……。完成にこぎつけるまでに関わった多くの人たちの顔がね」

よくやった、と自分を褒《ほ》めることは滅多にないという。仕事に対する目は厳しく、出来ばえに満足することは少ないが、三年前に携わった東京・新宿のＮＴＴ本社ビルの工事は強く印象に残っている。

「規模的に一番大きな仕事で、アメリカやイタリア、イギリスで製品加工しましたからね。完成したときは感動しました」

笑顔を絶やさず、話しぶりも実に穏《おだ》やかである。

仕事の醍醐味を選び、独立

丹羽さんは岐阜県生まれ。大阪の大学を卒業後、長男としての責任からUターン就職した。岐阜県は石材加工業が地場産業として盛んな所で、丹羽さんが就職したのは、地元に本社のある大手建築石材会社。「自宅から通える」というのが、入社の理由だった。

本社に八年間、東京支店に一年間勤務した後、三十三歳のとき、新潟転勤を命じられる。すでに家庭をもうけていた丹羽さんは、一家四人で新潟市に移った。

当時、新潟は営業所にただ一名という、まだまだ未開拓の市場。引き継ぎが終わると、丹羽さんは途方に暮れてしまった。「自由にやりたまえ」と上司に言われたものの、現場の経験は全くなく、商品知識も碌《ろく》にない。ひとり小舟で荒海を漂っている気分だった。

「とりあえず、建設会社に頻繁《ひんぱん》に顔を出し、名前を覚えてもらうことから始めました。会社は知名度があったので、追い返されることはなかったけど、いざ仕事の話になると、知識がないので大変でした。小銭をカバンにたくさん入れて、わからないことがあると、すぐに東京支店に電話を入れてました（笑）」

温和な人柄で顧客の信頼も厚い。「人とのつながりを一番大切にしています」と丹羽さん（医師会館の前で）

しかし、苦労して仕事を手に入れても、本社や東京支店からの応援が十分に得られず、製品が約束の期日に届かなかったり、手配した職人が来なかったり、杜撰《ずさん》な対応しかできなかった。そのたびに丹羽さんは取引先に頭を下げた。

「このままでは会社の信用はなくなってしまいますからね。図面担当者、現場職人、製品を作ってくれる工場など、すべてのスタッフを独自に集めて、一つの組織を作ろうと思ったんです」

十五人ほどのスタッフを揃《そろ》え、業務を軌道に乗せるまで一年かかった。昼は営業回りや現場での段取り、職人の手伝いなどで忙しく、夜はスタッフとの打ち合せ、帰宅すると夜中過ぎまで見積書の作成にかかり、休む間もなく働いた。しかし、苦ではなかった。充実感があった。新規開拓の達成感を味わえた。何より、電話一本で集まってくれるスタッフの存在が励みになった。

「自分は図面も描けない、製品も作れない、取り付ける技術もない。じゃあ何ができるか、と考えたとき、協力してくれているスタッフのために、仕事を常時提供してあげることしかないと思ったんです。私たちの仕事は、年末や年度末に集中することが多くて、波がありますから」

新潟に赴任して七年、営業所を三人体制にし、専属スタッフとの関係もうまくいき、すっかり自信もついた頃、東京支店転勤の辞令を受け取った。分業システムが確立している東京支店へ行けば、責任も減り、忙しさからも解放される。しかし、これまでのような充実感や達成感は味わえない。責任の軽減か、仕事の醍醐《だいご》味《み》か……。選択を迫られたとき、丹羽さんは後者を選んだ。

昭和六十一年五月末に退職、それから二週間足らずで、信越石材工業を設立した。丹羽さんの孤軍奮闘はまだまだ続くことになる。

来るもの拒《こば》まず

「会社といっても、オフィスはアパートの一室です。二部屋借りて、一部屋を自宅にしました。家内が電話番で、私が外回りをしました」

独立当初は業界全体が低迷していたせいもあり、仕事はなく、この先どうなるのか不安だった。だが、数ヵ月たって、同業者が仕事を回してくれるようになり、また、地道な営業のおかげか、建設会社からも徐々に仕事が舞い込むようになった。

翌年の四月、「アパート二部屋分の家賃を払うなら、マイホームを」と思い、借金をして市内に事務所を兼ねた自宅を建てた。ほどなくしてバブル景気が訪れる。

「一日中電話が鳴り響くようになりました。まさに〝神様からの贈物〟だと思いましたよ。とにかく仕事をいただけるのが嬉《うれ》しくて、〝来るもの拒まず〟、どんな無理難題でも引き受けました」

中国、韓国、ミャンマー、ペルーなどの海外からの労働者も受け入れ、専属スタッフは百三十人に膨《ふく》れ上がった。平成元年、創業三年目にして県下で業界トップに躍《おど》り出る。東京へも進出し、都内にスタッフの寮も新築した。平成二年には新宿都庁の工事も手掛けた。

「別にトップをめざしていたわけじゃないし、バブルのおかげですよ」

と、本人は他人事のように言う。だが、バブルが崩壊し、スタッフの数を大幅に縮小したあとも、県下トップの座は変わらなかった。平成四年には現在の場所に本社ビルを建てた。

「厳しい状況にはなったけど、その時、その時で、また新しい出会いが生まれてくるから、さほど気にしませんでした。それまで国内でしか製品を加工していなかったのが、海外で行う場合も出てきて、世界に目を向けることができましたしね」

丹羽さんの言葉の端々《はしばし》から、出会いを大切にする気持ちが伝わってくる。その気持ちは、新潟に来てから培《つちか》われたものだ。

「私が社長でいられるのも、お客様、スタッフ、社員、家族、あらゆる人たちの支えがあるからで、私個人の力ではないと、いつも思っていました。すばらしい出会いに恵まれたおかげです。その出会いに報いるために、どんな仕事も、誠心誠意、全精力を傾けてきたつもりです」

『生命の實相』との出会い

しかし、これほど業績が伸び続けていても、丹羽さんは何か一つ物足りない気がしていた。一流の経営者たちの著書を読むようになったのも、その心の隙間を埋めるためだった。ある時、和田一夫氏の著書を手にする。ヤオハンの経営哲学は宗教が基盤になっていて、そのことを氏が公言している点に、丹羽さんは感銘を受けた。特に信仰は持っていなかったが、振り返ると、自分も何か大きな力に導かれているような気がした。そして、和田代表の著書を読めば読むほど、ヤオハンの経営の根幹にある「生長の家」とはどのような教えなのか、氏が愛読している『生命の實相』という本には何が書かれてあるのか、くわしく知りたくなった。丹羽さんは、ある日、書店に立ち寄り、『生命の實相』第一巻を開いた。

「『汝《なんじ》ら天地一切のものと和解せよ』という言葉が目に飛び込んできて、とっさに、〝求めていたものはこれだ！〟と思いました」

その場で全四十巻を購入した。平成五年十月のことである。

「読んでいると、まるで美しい曲を聴いているようで心地よかった」という。その本には「人間は、無限の力をもつ神の子である」とか「感謝の心が人生を好転させる」といったことが書かれてあった。十ヵ月かけて読み終えると、東京・原宿にある生長の家本部にも足を運んだ。その後、生長の家栄える会に入会、平成七年の秋からは同会の新潟北越教区の会頭を務めている。朝の神想観も日課となった。

「私は生長の家で〝無我献身〟ということを教えられました。邪心を起こさず、人のために尽くす。それが〝仕事〟である、と。働くことは、自分の使命を全うする尊い行為でもあるんですね。神様は、すべての人に使命を与えてくれている。私にとって、それは石屋なんです」

丹羽さんの表情がキリッと引き締まる。天職を知ってから、経営方針も明確になった。依頼された仕事は引き受ける。「儲《もう》かるか、儲からないか」より、「人の役に立つかどうか、お客が喜んでくれるかどうか」を重視する。

「私のビジネスのやり方は、オープン主義なんです。原価がいくらで、うちにどのくらい利益があるか、隠したりしません。もともと駆け引きが苦手でね。儲けてやろうと欲をかいたりして、真理から外れた行動を取ると、即《そく》結果に現れます。コストの安いものに変更になったり、他社が受注したり、人間関係が気まずくなったり……。ビジネスだけでなく体調もおかしくなるんですよ（笑）。自分が得して喜ぶのではなく、お客さんを喜ばせようと考えていれば、まず間違いない」

あくまで「無我献身」を貫く。このあけっぴろげな所が、丹羽社長の魅力なのだろう。

現在、正社員六名、専属スタッフ七十名を抱える。

『「愛と熱意と技術」で、地域へ、国へ、世界へ、人類の文化創造に貢献す』の経営理念のもと、海外にも進出、昨年はモンゴルのウランバートルにある日本大使館を施工した。また、来年春にオープンするマレーシアのクアラルンプール国際空港の工事も着々と進んでいる。

新潟に赴任して、不安と戦いながら航海に旅立った小舟は、いまや風を切って走る帆船となって、世界の大海原に乗り出した。

（平成九年九月号　取材／萩原英彦　撮影／遠藤昭彦）

印刷機の音は私たちの希望の音色です

富山県　とうざわ印刷工芸会長　東澤《とうざわ》きみさん（79歳）

富山県の「とうざわ印刷工芸（株）」は、北陸有数のデジタル設備をもつ印刷会社として知られ、同業者も見学に訪れるほどだ。創業以来五十四年、東澤きみさんは、夫や五人の子どもたちと力を合わせて会社を繁栄させてきた。「私たちは子どもに助けられた親ですよ」と笑う。

富山空港から車で十分、立山連峰が一望できる田園の一角に、朝陽に輝く真っ白い工場があった。敷地三千三百坪、駐車場も百台分以上ある。

玄関を入ると、昭和三十年代に使われていた活版印刷機が展示されている。そして奥の印刷工場から聞こえてくるのは、ドイツ・ハイデルベルグ社製の最新鋭オフセット印刷機のリズミカルな音だ。

「私たち家族は子守唄のかわりに、印刷機の音を聞いて育ったんですよ。どんなに苦しいときでも、この音が響き渡っているかぎり、希望があるんだと信じてきました」

会長の東澤きみさんが微笑《ほほえ》む。

二階の製版ルームでは、コンピュータ制御の大型スキャナーに数十台のパソコンが接続され、若い社員がきびきびと働いている。従業員八十九名を擁する「とうざわ印刷工芸」は、早くからデジタル化にも対応している。

応接室に、長男で社長の光明《みつあき》さん（59歳）、次男で副社長の忠夫さん（57歳）も顔を揃えた。部屋の中央には先代社長・善常《ぜんつね》さん（昭和63年に昇天）の遺影が飾られている。

「親父は仕事一徹な人で、先見の明があった。新しい技術を取り入れ、私ら兄弟の性格を見抜いて適材適所で修業させてくれたんですよ」と光明さん。

「みんな親を超えてくれたねえ」

「鳶《とんび》が鷹《たか》を産んだんだよ」と光明さんがまぜかえすと、「いのちの大本は母さんだよ」と忠夫さんが言って、ドッと笑い声が上がった。

創業当時は貧しく、五人の子どもたちはそれぞれ役目をもって家業を手伝った。よう

写真左から、孫の善樹さん、長女の善子さん、きみさん、四男の国夫さん、三男の憲夫さん、次男の忠夫さん、長男の光明さん

やく仕事が順調になった頃、騙《だま》されて借金地獄に陥《おちい》ったこともある。

「振り返れば、あの詐欺《さぎ》師が現れなかったら今の東澤家はなかった。おかげで家族の心がひとつになって、困難を乗り越えられたと感謝しているんですよ」

どんなときでも、夢を見失わなければ、苦しい中にも楽しさがあり、家族は生き生きしている、ときみさんは語る。

「人生にはいろんな坂があります。登り坂あって、下り坂あって、一番たいへんなのは『まさか』という坂。この坂は神様の坂なんですよ」

ある日、初老の紳士が

きみさんは大正十一年の生まれで、三男五女の末っ子。実家は散髪屋と雑貨店を営んでおり、商売人の子として育った。印刷会社の営業の仕事をしていた、善常さんと昭和十六年に結婚。

二十二年、夫が「とうざわ印刷所」を創業。富山駅前の自宅を改築し、八畳二間に基礎を敷き、活版印刷機一台と中古の断裁機でスタートした。夫は五時半に起きて仕事の段取りをし、一日十六時間働いた。当時は、紙さえあれば仕事が次から次に入ってきた。

事業が軌道に乗り、有頂天になっていた二十八年の秋。ある日、仕立てのよい黒マントを羽織り、口髭も立派な初老の紳士が、「電話を拝借したい」と訪ねてきた。

「東澤さん、向かいに見える山を買わんか。立派な木が繁って、今が切り出しの時期だ。ひと儲《もう》けできる上に、材木で立派な工場や家も建つぞ」

その後も何度もやってきては、山の話をした。夫はだんだん乗り気になり、契約書に判を押した。そのうちに、「人夫が必要だ」「トラックを手配する」と何度も金を無心された。一年の間に一度だけトラック一台分の材木が届いたが、それっきり山師は姿を消した。

五十万円の手形を切っていたが、手形は転売されており、取立屋が毎日のようにやってきた。騙された、と気づいたときには借金は百万円近くにもなっていた。

「いまだと一億円ほどに感じる額かしらねえ」

不渡りを出したら会社が潰れると必死になって働き、毎月一万、二万と返したが、工面できないときは借金返済のためにまた借金するという日々が続いた。

「働いても働いても赤字。もう倒産しかない」と夫が愚痴《ぐち》をこぼすと、きみさんは「子どもがいるのに何を言うんですか」と一喝《いっかつ》した。

そんな借金取りに追われていた昭和三十年頃……。

きみさんの姿を見かねた近所の森利重《りえ》さんが、「一度、話を聞きに来なはれ」と生長の家の誌友会に誘ってくれた。道場に行ってみると、『甘露の法雨』という生長の家のお経をはじめて耳にした。その経本の冒頭に掲げられた「大調和の神示」の一節、《汝《なんじ》の父母《ちちはは》に感謝せよ。汝の夫又は妻に感謝せよ。汝の子に感謝せよ。汝の召使に感謝せよ。一切の人々に感謝せよ。天地の万物《すべてのもの》に感謝せよ。その感謝の念の中《うち》にこそ汝はわが姿を見、わが救《すくい》を受けるであろう》

という言葉を聞いたとき、胸がドキンとした。

「はっと思い当たりました。私は主人に感謝せないかんやったと」

夫を立てているような顔をしながら、心の底では借金をこしらえた主人を責めていたことに気づき、私が悪かった、と涙が溢《あふ》れ出た。

道場で早朝行われる「神想観の集い」に通うようになり、平岡初枝《はつえ》講師に個人相談を受けた。

「うちは借金で大変なんです。どうやったらもっと儲かるでしょうか」

すると、こう諭《さと》された。

「お金が欲しい、儲けたいという気持ちを捨てなさい。どうしたらお客さんに喜んで貰《もら》えるかを考えることですよ」

お客様に感謝し、ご主人や子や従業員に感謝し、帳簿や電話や印刷機など、目の前のあらゆるものに感謝することが繁栄の法則だと教えられ、『生命の實相』第七巻・生活篇を読むように勧められた。

翌日からきみさんは、朝起きるとまず玄関の戸を開け、合掌して朝日を拝んだ。お客さんが行列して入ってくる姿を心に思い描き、「福の神さま、ようこそおいで下さいました。こんなに沢山《たくさん》注文をいただき、ありがとうございます」と声に出し、福の神を招き入れる仕草をする。それから、事務所の電話や金庫、印刷機や紙などを手で撫《な》で、「ありがとうございます。必ず良くなる、必ず繁栄する。嬉《うれ》しい楽しい有難い」と大きな声で唱えた。この朝の感謝の行《ぎょう》が、きみさんの日課になった。

四本の矢

ある朝、夫婦で返済の話をしていると、中一の長男が言った。

「金は天下のまわりものじゃ。うちの家にまわってくる順番が遅いだけじゃろ。男兄弟四人もおるから心配せんと、頑張られ」

すまないと思いながらも、この言葉に夫婦は勇気づけられた。

家族七人、六畳と四畳半で暮らし、ときに取っ組み合いの兄弟喧嘩もあり、障子や襖《ふすま》はボロボロになった。そんな中でも、子どもたちは協力し合って小遣いを稼ぎ出した。断裁で出た紙屑《かみくず》がたまると、リヤカーに積んで古紙屋に運んで換金したのだ。

リヤカーの先頭は長男で、三男と四男が左右を支え、次男が後ろから押す。紙屑が崩れないように、末っ子の長女が上に乗って重石《おもし》役をした。帰り道、今川焼きやコロッケを家族の人数分買って戻った。

「いま思い出しても涙が出るくらい愛《いと》しい姿ですよ」

きみさんは、お金の心配でくよくよせず、朗《ほが》らかに笑って生きようと心に決めた。「福の神さま、ありがとうございます」と唱えると、豊かな気分になって、お客さんと笑顔で接することができた。すると不思議なことに売上もグングン伸びてきた。長男の光明さんは、家の仕事を本格的に手伝うようになり、「勉強は夜すればいいから、定時制高校に通う」と言った。

次男の忠夫さんが「少しでも早く仕事を覚えて家を助けたい」と、高校を中退して京都の印刷会社へ修業に出たのは、昭和三十四年のことだった。きみさんは頻繁に京都へ手紙を書き送り、家族の近況を報告しながら、こう綴《つづ》った。

『一、人生の目的は神を実現するにある

二、審判（さばく）なかれ　その人の身になって考えよ

三、われ自身光なれば向こう所常に明るし

四、真理は一つ世界も一つ腹の真ん中にヘソ一つ

忠夫頑張りましょう』

やがて事業は上向きになり、四十七年には鉄筋コンクリートの工場に建て替えた。三男の憲夫さんも高校卒業後、京都の印刷会社へ。四男の国夫さんには、「兄弟みな同じ

道に進むことはない」と言ったのだが、逆にこう言われた。

「僕だけ違う道に進んだらみなと話が合わなくなる。毛利元就は、兄弟合わせた三本の矢は折れないと喩《たと》えた。僕が入って四本の矢になれば、もっと強いだろ」

国夫さんは大阪へ行き、ハイデルベルグの最新のオフセット印刷技術を学ぶことになった。

忠夫さんは足掛け十三年の修業を終えて、製版技術のエキスパートとして帰ってきたが、トランクには母の手紙がぎっしり詰まっていた。四十八年には、兄弟全員がとうざわ印刷所に戻り、一丸となって活躍、会社は勢いづいた。

来る人来る人福の神

昭和四十九年、ハイデルベルグ社製の二色印刷機を導入。国産機の倍の値段だったが、高性能だった。大手スーパーや不動産会社、広告代理店などの仕事を受注、年間九百万枚（菊判半裁）印刷して業績を伸ばした。

「能率が上がると利益が出ます。利益は設備投資に。するとお客様からきれいに仕上が

った と喜ばれ、ますます仕事が入ってきました」

五十年代に入るとカラー化の波が押し寄せ、四色印刷機を揃えた。六十年には、コンピュータ制御の新鋭機導入の話が持ち上がる。一台一億八千万、大きな借金を抱えるが、将来を見据えた上で、思い切って契約を結んだ。

ドイツから輸入した機械が港の倉庫に届き、いざ納入という段になって、「工場に入らない」と業者が言ってきた。もちろん事前にサイズは測ってあったのだが……。

「まさか」の出来事だった。家族全員が集まり、膝を寄せ合ってとことん話し合った。

「この際、工場を郊外に出そう」と結論を出し、急遽《きゅうきょ》、土地探しが始まった。

いくつか物件をみるうちに、農協から「一町歩《ちょうぶ》余の土地があるから、まとめてなら譲ってもよい」という話があった。三千三百坪という土地は広すぎたが、プレハブ二棟と倉庫もついた。迷っている暇はない。土地と機械で合計三億円以上になるが、銀行や中小企業金融公庫に問い合わせると、「その土地は将来性があるから全額融資できる」という回答も後押しになった。

六十一年二月、倉庫を改造した工場が稼動し始め、落成式と新鋭印刷機の披露をした。

このとき父親の善常さんが引退し、社長の座を長男に譲った。挨拶に立った光明さんはこう宣言する。

「私は人の二倍遊びますが、人の三倍働きます。私たちの目標は売上百億円企業です」

当時は年商十億、「またでっかくでたもんや」と両親は驚いた。

平成三年八月に念願の新工場を建設、最先端の製版システムと印刷機を揃えた。広い土地があったからこそできた事業拡大だった。

「災いを転じて福となす。まったく人生何が起こるかわかりませんからね。為《な》せば成る、為さねば成らぬ何事もですよ。神様は必ずよりよい道を示される。まさかの坂を登りきったのですよ」

『来る人来る人福の神』

きみさんは新工場の玄関に、この言葉を書いた色紙を貼った。

会長となったいまも、朝夕、取引先の名簿を読み上げて、感謝と繁栄の祈りを欠かさない。


（平成十三年十二月号　取材／亀崎昌義　撮影／田中誠一）

寝たきりの夫を看病した8年……
鉄工所を支える女傑社長が学んだもの

長崎県　永大鉄工代表取締役　古川和子《ふるかわかずこ》さん（65歳）

昭和五十一年、鉄工所を経営する夫が突然病に倒れ、寝たきりになった。経営者の妻というだけで実績もなく、世間の厳しさを痛感した古川さんだが、「きっとやり直してみせる」と決意。夫の看病を続けながら、「人間・神の子、無限力」の教えを実践すると、思わぬ所から仕事や事業用地が舞い込んだ。

長崎県大村市にある永大鉄工(株)は、発電所のボイラー部品などの専門メーカーである。社長の古川和子さんは、大村市商工会議所で女性議員の第一号に選ばれ、八年前には全国商工会議所の女性代表団の一員として、オーストラリアを親善訪問。その親睦会の席上で、こんな質問を受けた。

「男女平等といわれて久しいけれど、オーストラリアでは女性経営者に対して、融資等の条件が厳しい。日本ではどうですか」

これに古川さんは、自らの経験を語りながら次のように答えたという。

「夫が病に倒れ再起不能になったとき、銀行が会社の経営を危ぶんで、新たに保証人や担保を出せと言ってきました。私が女性だから軽くみられていると思いましたが、きっとやり直してみせる、と頑張りました。それから八年間、植物人間になった夫を看護しながら事業を続けました。いまでは銀行も認めてくれ、何千万円でもすぐに貸してくれます。

経営者も労働者も一体となって、調和して仕事に励めば、必ず道は開けると体験しました。日本の女性もどんどん社会進出し、男性に負けないくらい教育も受け、同等の扱いを受けるようになりました」

会場からは「ワンダフル！」の声が上がり、拍手喝采《かっさい》を浴びた。

「夫が倒れて、感謝の大切さを学びました。毎朝、従業員に“感謝の祈り”を実行しています」と古川さん

永大鉄工は昭和四十四年、当時五十歳だった夫の悦雄《えつお》さんが三菱重工を退職して起業した。古川さんも、それまで勤務していた保険会社を辞《や》め、鉄工所の事務を手伝った。従業員七人の小さな会社だった。

その七年後、昭和五十一年の十二月。従業員との忘年会や、工場の大掃除も終えた翌日、二十七日朝になって、夫が「口がまわらん」と不調を訴えた。翌日から国立病院に入院。

検査を受けると、中耳炎の膿《うみ》が脳にたまっていると分かり、「膿瘍《のうよう》」と診断された。翌年一月になると、四十度以上の高熱が続いた。その後、脳外科で手術を受けたが、意識不明の昏睡状態に陥《おちい》ったまま回復できなかった。

「〝人間は神の子、病無し〟と信じていたのに」と古川さんは絶句した。

夫婦の間に子供がいなかったので、ずっと共働きで過ごした古川さんは、いつも夫に反発していた。夫は職人として一流の腕をもっていたが、親分肌で損得を考えない人だった。経理を担当した古川さんは苦労させられて、文句ばかり言い続けた。

「人の足をひっぱると、いまに俺が倒れたら困るぞ」というのが、夫の口癖だった。

生長の家の集まりで、〝夫に感謝せよ〟という教えを聞いても、それを実行できなかった自分を悔《くや》んだ。

「小さい頃から気が強くて、わがままな性格でした。夫が倒れてはじめて、〝人間・神の子〟の教えの深さを考えさせられました」

「夫に感謝せよ」

古川さんは、昭和七年に台湾（中華民国）の高雄市で生まれた。七人兄弟の次女として伸び伸びと育ち、戦後は台湾から熊本県に引き揚げた。

昭和二十八年に結核を患《わずら》い、療養のため長崎県大村市に移ってきた。

左肺にアヒルの卵大の空洞が二つもあり、「その肺を切除しないとダメだ」と医師から宣告されていた。

ある日、病室で呼吸困難に陥り、生死の淵をさまよった。

「神様、助けて」と心の中で叫んだとき、隣室の人が古川さんの異変に気づいて、急いで医師を呼んでくれた。その命の恩人は、貞松豊二郎という人で、生長の家の地方講師の息子さんだった。

貞松さんは、病室で『甘露の法雨』という生長の家のお経を読誦《どくじゅ》していたが、そのとき隣室の様子が気になったのだという。

それが縁となって、古川さんは生長の家にふれた。《人間は神の子、完全円満。病気は仮の姿で、生命は本来健康である》という、『生命の實相』の教えに励まされ、手術を受けることなく、結核から立ち上がることができた。

その後、昭和三十四年に結婚。本を読んで感動した古川さんだったが、家庭生活や仕事に追われるうちに、次第に教えから遠ざかってしまった。

「両親に感謝せよ、夫に感謝せよ、天地万物に感謝せよ、と教わりながらも、いつのまにか〝感謝のこころ〟を忘れていました。夫の病がそれを気づかせてくれたのです。夫のために、看護をしながら事業を引継ぎ、〝愛〟を行じてみようと覚悟をきめたんです」

夫の入院以来、あらためて生長の家の誌友会に通うようになった。

病気の快癒《かいゆ》を祈っていたが、「病気を心で掴《つか》んでいてはいけない」と指導されて、周囲の人々を祝福讃嘆し、お世話活動をする〝愛他行《あいたぎょう》〟も熱心に行なうようになった。

入院して二年目。正月を一緒に過ごそうと、意識のない夫を自宅に連れて帰った。自室に戻った夫に古川さんは、優しく声をかけてみた。

「あなたお餅《もち》を召し上がりますか」

すると夫がうなずいた。そして目を覚ますと、餅をパクパクと二個食べてしまった。病院に戻った際、この事実を報告すると、医師は驚いた。

「奇蹟としか思えないが、家族の思いがきっと通じたのでしょう」

それまでは流動食を管で流し込むだけだったのが、ご飯やタクアンも自分で食べられるほど回復した。

親戚一同も大喜びしてくれ、古川さんを励ましてくれた。

「ケ・セラ・セラ……」

昭和五十八年には、石油価格が暴騰し、〝第二次オイル・ショック〟が日本中の産業をおびやかした。古川さんの鉄工所も仕事が激減した。

それまでコンスタントに仕事を発注してくれた親会社からは、「うちの社内でも仕事がないんだ。従来の十五％しか回せない。何とか忍んでくれ」と通告された。

鉄工所の工場長が方々を走り回って仕事を探したが、「全然ありません。社長、どうしましょう」と心配顔をした。

「お金のことは私に任せなさい。工場長は何も心配しないで、従業員がつねに最高の仕事ができるように手配して下さい」と伝えた。

古川さんは、毎朝「神想観」という〝行《ぎょう》〟を行なっているが、従業員の名前をよびあげて、感謝の言葉を唱えるようになった。

《従業員一人一人は神の子・無限力。今日も一日、素晴らしい製品を作ることに生き甲斐を感じて、健康で働いてくれて、ありがとう》

あるとき、親会社の担当係長が視察にきたが、「よその社長はみな青い顔をして不安そうなのに、ここの社長はどうしてニコニコしているのか」と不思議がった。

「ケ・セラ・セラ……なるようになるさ、ですよ。私は生長の家を信仰していますから、大丈夫《だいじょうぶ》ですよ」

と笑い飛ばした。しばらくしたら、佐賀県の同業者から連絡があり、仕事を紹介してくれた。

「その会社とは、親会社の都合で仕事上競合したことがあり、商売敵《がたき》と恨まれても仕方がないと思っていました。けれど、〝何があっても、必ずよくなる〟と信じていました。そうしたら助けてくれた。恩人の会社です。〝笑う門には福来る〟で、そこに神様が現れる。環境は心で整いますね」

逃げだした犬

「こんなこともありましたよ」

ベッドで寝たきりの夫を、病院から自宅に引き取って、世話をしはじめた頃のことだ。家の中で飼っていた愛犬のヨークシャーテリヤが、ある日突然、家の外へ逃げだした。家政婦さんが慌《あわ》てて追いかけると、広い空き地で犬を見つけた。

「奥さん、あそこにいい土地がありましたよ」

そう言われて一緒に見に行った。

「いまの工場は住宅地の中にあるし手狭だから、こんな所に移りたいねえ」と話し合った。数日後、不動産屋が会社に訪ねてきて、こう言った。

「社長さん、工場用の空き地があるんですが借りませんか」

案内されると、そこはまさに犬が逃げ込んだ土地だった。

「あらあ、不思議なことがあるのね。ここ欲しいと思っていたのよ」

とんとん拍子に話が進み、はじめは賃借予定だったが購入できるようになり、三百坪だった工場は七百坪の広い工場団地に移転。その後買い増して、敷地は千百坪に拡大した。

昭和五十九年の春。八年の闘病生活を終えて、夫が息を引きとった。古川さんは枕元で、「神様にみちびかれて、素晴らしい霊界に旅立つんですね。あとのことは心配しないで」と語りかけた。夫は最期に「ありがとう」と言い残して昇天した。

通夜の席で、祭壇の蝋燭《ろうそく》を見た人々が驚きの声をあげた。「珍しい。蝋燭が観音様の形をしている」と。

「ああ、主人は私をみちびいてくれた〝観世音菩薩《かんぜおんぼさつ》〟*だったんだ」

古川さんには有難く、尊く思える出来事だった。

「四十九日の法要のとき、主人の写真を眺めていたら、『メソメソするな』という声が聞こえました。肉体は去っても、生命は永遠生き通し。主人は私の心の中で生きていますね」

毎週、お墓参りを欠かさずに行ない、墓前で夫に語りかけ仕事の報告をしている。

それから十余年の月日が流れた。

商工会議所の婦人会会長や、労働福祉委員長に選ばれたり、地元経済界でも活躍している。男性役員の間で意見が衝突すると、「古川さん、何か一言」とお呼びがかかり、調整役として重宝がられた。

「わが業《わざ》はわが為《な》すにあらず、神様に毎日祈っていると〝我《が》〟の心がなくなって、人間関係の調和に役立ちますよ」

昨年三月、古川さんは長崎南部教区の生長の家栄える会会頭に推された。

夏になると、「社長、資材置き場が足りなくなって困っています」と工場長が言ってきた。そんな矢先、近くの下請工場の経営者がやってきて、「会社を閉めることになったから、工場ごと買い取ってくれないか」と懇願された。

銀行から好条件で融資をうけ、登記も済ませた翌日には、資材トラックが次々にやってきて、その工場はたちまち倉庫に早変わりした。
「神様と波長が合うようになったのかもしれませんね。いまでは、必要なときに必要なものが、次々に向こうからやってきますから(笑)。有難いことです」

(平成九年五月号　取材／亀崎昌義　撮影／SEIICHI)

＊観世音菩薩＝様々な人々の姿となって私たちを教え導かれる方を観世音菩薩と見なすこと。

●生長の家練成会案内

総本山……長崎県西彼杵郡西彼町喰場郷1567　☎0959-27-1155

＊龍宮住吉本宮練成会……毎月1日～7日（1月を除く）

＊龍宮住吉本宮境内地献労練成会……毎月7日～10日（5月を除く）

本部練成道場……東京都調布市飛田給2-3-1　☎0424-84-1122

＊一般練成会……毎月1日～10日

＊短期練成会……毎月第三週の木～日曜日

＊光明実践練成会……毎月第二週の金～日曜日

＊経営トップセミナー、能力開発セミナー……（問い合わせのこと）

宇治別格本山……京都府宇治市宇治塔の川32　☎0774-21-2151

＊一般練成会……毎月10日～20日

＊神の子を自覚する練成会……毎月月末日～5日

＊伝道実践者養成練成会……毎月20日～22日（11月を除く）

＊能力開発研修会……（問い合わせのこと）

富士河口湖練成道場……山梨県南都留郡河口湖町船津5088　☎0555-72-1207

＊一般練成会……毎月10日～20日

＊短期練成会……毎月月末日～3日

＊能力開発繁栄研修会……（問い合わせのこと）

ゆには練成道場……福岡県太宰府市都府楼南5-1-1　☎092-921-1417

＊一般練成会……毎月13日～20日

＊短期練成会……毎月25日～27日（12月を除く）

松陰練成道場……山口県吉敷郡阿知須町大平山1134　☎0836-65-2195

＊一般練成会……毎月15日～21日

＊伝道実践者養成練成会……（問い合わせのこと）

○奉納金・持参品・日程変更詳細は各道場へお問い合わせください。

○各教区でも練成会が開催されています。詳しくは各教化部にお問い合わせください。

○海外は「北米練成道場」「ハワイ練成道場」「南米練成道場」等があります。

生長の家本部　〒150-8672　東京都渋谷区神宮前1-23-30　☎03-3401-0131　FAX03-3401-3596

教化部名	所　在　地	電話番号	FAX番号
静岡県	〒432-8011　浜松市城北2-8-14	053-471-7193	053-471-7195
愛知県	〒460-0011　名古屋市中区大須4-15-53	052-262-7761	052-262-7751
岐阜県	〒500-8824　岐阜市北八ッ寺町1	058-265-7131	058-267-1151
三重県	〒514-0034　津市南丸之内9-15	059-224-1177	059-224-0933
滋賀県	〒527-0034　八日市市沖野1-4-28	0748-22-1388	0748-24-2141
京　都	〒606-8332　京都市左京区岡崎東天王町31	075-761-1313	075-761-3276
両丹道場	〒625-0081　舞鶴市北吸497	0773-62-1443	0773-63-7861
奈良県	〒639-1016　大和郡山市城南町2-35	0743-53-0518	0743-54-5210
大　阪	〒543-0001　大阪市天王寺区上本町5-6-15	06-6761-2906	06-6768-6385
和歌山県	〒641-0051　和歌山市西高松1-3-5	073-436-7220	073-436-7267
兵庫県	〒650-0016　神戸市中央区橘通2-3-15	078-341-3921	078-371-5688
岡山県	〒703-8256　岡山市浜1-14-6	086-272-3281	086-273-3581
広島県	〒732-0057　広島市東区二葉の里2-6-27	082-264-1366	082-263-5396
鳥取県	〒682-0022　倉吉市上井町1-251	0858-26-2477	0858-26-6919
島根県	〒693-0004　出雲市渡橋町542-12	0853-22-5331	0853-23-3107
山口県	〒754-1252　吉敷郡阿知須町字大平山1134	0836-65-5969	0836-65-5954
香川県	〒761-0104　高松市高松町1557-34	087-841-1241	087-843-3891
愛媛県	〒791-1112　松山市南高井町1744-1	089-976-2131	089-976-4188
徳島県	〒770-8072　徳島市八万町中津浦229-1	088-625-2611	088-625-2606
高知県	〒780-0862　高知市鷹匠町2-1-2	088-822-4178	088-822-4143
福岡県	〒818-0105　太宰府市都府楼南5-1-1	092-921-1414	092-921-1523
大分県	〒870-0047　大分市中島西1-8-18	097-534-4896	097-534-6347
佐賀県	〒840-0811　佐賀市大財4-5-6	0952-23-7358	0952-23-7505
長　崎	〒852-8017　長崎市岩見町8-1	095-862-1150	095-862-0054
佐世保	〒857-0027　佐世保市谷郷町12-21	0956-22-6474	0956-22-4758
熊本県	〒860-0032　熊本市万町2-30	096-353-5853	096-354-7050
宮崎県	〒889-2162　宮崎市青島1-8-5	0985-65-2150	0985-55-4930
鹿児島県	〒892-0846　鹿児島市加治屋町2-2	099-224-4088	099-224-4089
沖縄県	〒900-0012　那覇市泊1-11-4	098-867-3531	098-867-6812

●生長の家教化部一覧

教化部名	所　在　地	電話番号	FAX番号
札　幌	〒063-0829　札幌市西区発寒9条12-1-1	011-662-3911	011-662-3912
小　樽	〒047-0033　小樽市富岡2-10-25	0134-34-1717	0134-34-1550
室　蘭	〒050-0082　室蘭市寿町2-15-4	0143-46-3013	0143-43-0496
函　館	〒040-0033　函館市千歳町19-3	0138-22-7171	0138-22-4451
旭　川	〒070-0810　旭川市本町1-2518-1	0166-51-2352	0166-53-1215
空　知	〒073-0031　滝川市栄町4-8-2	0125-24-6282	0125-22-7752
釧　路	〒085-0832　釧路市富士見3-11-24	0154-44-2521	0154-44-2523
北　見	〒099-0878　北見市東相内町584-4	0157-36-0293	0157-36-0295
帯　広	〒080-0802　帯広市東2条南27-1-20	0155-24-7533	0155-24-7544
青森県	〒030-0812　青森市堤町2-6-13	017-734-1680	017-723-4148
秋田県	〒010-0023　秋田市楢山本町2-18	018-834-3255	018-834-3383
岩手県	〒020-0066　盛岡市上田1-14-1	019-654-7381	019-623-3715
山形県	〒990-0021　山形市小白川町5-29-1	023-641-5191	023-641-5148
宮城県	〒981-1105　仙台市太白区西中田5-17-53	022-242-5421	022-242-5429
福島県	〒963-8006　郡山市赤木町11-6	024-922-2767	024-938-3416
茨城県	〒312-0031　ひたちなか市後台字片岡421-2	029-273-2446	029-273-2429
栃木県	〒321-0933　宇都宮市簗瀬町字桶内159-3	028-633-7976	028-633-7999
群馬県	〒370-0801　高崎市上並榎町455-1	027-361-2772	027-363-9267
埼玉県	〒336-0923　さいたま市大字大間木字会ノ谷483-1	048-874-5477	048-874-7441
千葉県	〒260-0032　千葉市中央区登戸3-1-31	043-241-0843	043-246-9327
神奈川県	〒246-0031　横浜市瀬谷区瀬谷3-9-1	045-301-2901	045-303-6695
東京第一	〒112-0012　文京区大塚5-31-12	03-5319-4051	03-5319-4061
東京第二	〒183-0042　府中市武蔵台3-4-1	042-574-0641	042-574-0055
山梨県	〒406-0032　東八代郡石和町四日市場1592-3	055-262-9601	055-262-9605
長野県	〒390-0862　松本市宮渕3-7-35	0263-34-2627	0263-34-2626
長　岡	〒940-0853　長岡市中沢3-364-1	0258-32-8388	0258-32-7674
新　潟	〒951-8133　新潟市川岸町3-17-30	025-231-3161	025-231-3164
富山県	〒930-0103　富山市北代6888-1	076-434-2667	076-434-1943
石川県	〒920-0022　金沢市北安江1-5-12	076-223-5421	076-224-0865
福井県	〒918-8057　福井市加茂河原1-5-10	0776-35-1555	0776-35-4895

日本教文社刊

谷口清超著	¥1200	
「無限」を生きるために		五感、六感を超越した実相の「神の国」は、無限のすばらしさに満ちた完全円満な世界である。本書はその「神の国」をこの世にも現し出すための真理を詳述。
谷口清超著	¥1200	
行き詰りはない		人は時として、財産や地位、名声にしがみつき行き詰るが、自我を捨て去る時、無限の世界が顕れることを詳解。仕事や生活に行き詰った時、読んでほしい本。
谷口雅春編著	¥710	
無限供給の鍵		米国ユニティ協会の開祖チャールズ・フィルモアの代表的著作「繁栄論」をテキストに繁栄と致富の原理をわかりやすく解説。心と実生活の神秘な関係を説く。
ロイ・E・デーヴィス著 谷口雅春・伊藤 正 共訳	¥2000	
新版 心の力の秘密		自己の真の願いを知り、切実にそれを願うならば、それはきっと成就する。その原動力、心に秘められた力を豊富な事例と共に解明した不朽の名著待望の新版。
日本教文社編	¥450	
繁栄の秘訣 —生長の家ヒューマン・ドキュメント選—		不況の中にあっても、生長の家の信仰に触れて、事業を拡大、好転させている経営者をドキュメントで紹介。成功の秘訣がたくさんつまった、貴重なヒント集。
日本教文社編	¥450	
自然がよろこぶ生活 —生長の家ヒューマン・ドキュメント選—		地球環境問題が深刻化する中、自然環境と調和した事業を展開して成果を挙げている生長の家の信徒を紹介。自然と共に豊かに生きる新時代のための提言の書。
日本教文社編	¥450	
逆境は越えられる —生長の家ヒューマン・ドキュメント選—		難病・事故・多額の債務などの厳しい逆境を、生長の家の信仰を心の拠り所として見事に乗り越え、明るい人生を築いておられる方々の体験を紹介する希望の書。
日本教文社編	¥450	
明るい職場と人間関係 —生長の家ヒューマン・ドキュメント選—		職場での人間関係に悩んでいた人が、他人を変えるのではなく、自分が変わることによって問題を解決した体験談を紹介。職場に調和と生き甲斐をもたらす書。

・各定価(5%税込)は平成15年6月1日現在のものです。品切れの際は御容赦下さい。